AGENDA

2020

Questa agenda appartiene a:

_____

_____

_____

_____

_____

_____

CALENDARIO

	Gennaio	Febbraio	Marzo	Aprile	Maggio	Giugno
1	Mer	Sab	Dom	Mer	Ven	Lun
2	Gio	Dom	Lun	Gio	Sab	Mar
3	Ven	Lun	Mar	Ven	Dom	Mer
4	Sab	Mar	Mer	Sab	Lun	Gio
5	Dom	Mer	Gio	Dom	Mar	Ven
6	Lun	Gio	Ven	Lun	Mer	Sab
7	Mar	Ven	Sab	Mar	Gio	Dom
8	Mer	Sab	Dom	Mer	Ven	Lun
9	Gio	Dom	Lun	Gio	Sab	Mar
10	Ven	Lun	Mar	Ven	Dom	Mer
11	Sab	Mar	Mer	Sab	Lun	Gio
12	Dom	Mer	Gio	Dom	Mar	Ven
13	Lun	Gio	Ven	Lun	Mer	Sab
14	Mar	Ven	Sab	Mar	Gio	Dom
15	Mer	Sab	Dom	Mer	Ven	Lun
16	Gio	Dom	Lun	Gio	Sab	Mar
17	Ven	Lun	Mar	Ven	Dom	Mer
18	Sab	Mar	Mer	Sab	Lun	Gio
19	Dom	Mer	Gio	Dom	Mar	Ven
20	Lun	Gio	Ven	Lun	Mer	Sab
21	Mar	Ven	Sab	Mar	Gio	Dom
22	Mer	Sab	Dom	Mer	Ven	Lun
23	Gio	Dom	Lun	Gio	Sab	Mar
24	Ven	Lun	Mar	Ven	Dom	Mer
25	Sab	Mar	Mer	Sab	Lun	Gio
26	Dom	Mer	Gio	Dom	Mar	Ven
27	Lun	Gio	Ven	Lun	Mer	Sab
28	Mar	Ven	Sab	Mar	Gio	Dom
29	Mer	Sab	Dom	Mer	Ven	Lun
30	Gio		Lun	Gio	Sab	Mar
31	Ven		Mar		Dom	

2020

Luglio	Agosto	Settembre	Ottobre	Novembre	Dicembre	
Mer	Sab	Mar	Gio	Dom	Mar	1
Gio	Dom	Mer	Ven	Lun	Mer	2
Ven	Lun	Gio	Sab	Mar	Gio	3
Sab	Mar	Ven	Dom	Mer	Ven	4
Dom	Mer	Sab	Lun	Gio	Sab	5
Lun	Gio	Dom	Mar	Ven	Dom	6
Mar	Ven	Lun	Mer	Sab	Lun	7
Mer	Sab	Mar	Gio	Dom	Mar	8
Gio	Dom	Mer	Ven	Lun	Mer	9
Ven	Lun	Gio	Sab	Mar	Gio	10
Sab	Mar	Ven	Dom	Mer	Ven	11
Dom	Mer	Sab	Lun	Gio	Sab	12
Lun	Gio	Dom	Mar	Ven	Dom	13
Mar	Ven	Lun	Mer	Sab	Lun	14
Mer	Sab	Mar	Gio	Dom	Mar	15
Gio	Dom	Mer	Ven	Lun	Mer	16
Ven	Lun	Gio	Sab	Mar	Gio	17
Sab	Mar	Ven	Dom	Mer	Ven	18
Dom	Mer	Sab	Lun	Gio	Sab	19
Lun	Gio	Dom	Mar	Ven	Dom	20
Mar	Ven	Lun	Mer	Sab	Lun	21
Mer	Sab	Mar	Gio	Dom	Mar	22
Gio	Dom	Mer	Ven	Lun	Mer	23
Ven	Lun	Gio	Sab	Mar	Gio	24
Sab	Mar	Ven	Dom	Mer	Ven	25
Dom	Mer	Sab	Lun	Gio	Sab	26
Lun	Gio	Dom	Mar	Ven	Dom	27
Mar	Ven	Lun	Mer	Sab	Lun	28
Mer	Sab	Mar	Gio	Dom	Mar	29
Gio	Dom	Mer	Ven	Lun	Mer	30
Ven	Lun		Sab		Gio	31

CALENDARIO

	Gennaio	Febbraio	Marzo	Aprile	Maggio	Giugno
1	Ven	Lun	Lun	Gio	Sab	Mar
2	Sab	Mar	Mar	Ven	Dom	Mer
3	Dom	Mer	Mer	Sab	Lun	Gio
4	Lun	Gio	Gio	Dom	Mar	Ven
5	Mar	Ven	Ven	Lun	Mer	Sab
6	Mer	Sab	Sab	Mar	Gio	Dom
7	Gio	Dom	Dom	Mer	Ven	Lun
8	Ven	Lun	Lun	Gio	Sab	Mar
9	Sab	Mar	Mar	Ven	Dom	Mer
10	Dom	Mer	Mer	Sab	Lun	Gio
11	Lun	Gio	Gio	Dom	Mar	Ven
12	Mar	Ven	Ven	Lun	Mer	Sab
13	Mer	Sab	Sab	Mar	Gio	Dom
14	Gio	Dom	Dom	Mer	Ven	Lun
15	Ven	Lun	Lun	Gio	Sab	Mar
16	Sab	Mar	Mar	Ven	Dom	Mer
17	Dom	Mer	Mer	Sab	Lun	Gio
18	Lun	Gio	Gio	Dom	Mar	Ven
19	Mar	Ven	Ven	Lun	Mer	Sab
20	Mer	Sab	Sab	Mar	Gio	Dom
21	Gio	Dom	Dom	Mer	Ven	Lun
22	Ven	Lun	Lun	Gio	Sab	Mar
23	Sab	Mar	Mar	Ven	Dom	Mer
24	Dom	Mer	Mer	Sab	Lun	Gio
25	Lun	Gio	Gio	Dom	Mar	Ven
26	Mar	Ven	Ven	Lun	Mer	Sab
27	Mer	Sab	Sab	Mar	Gio	Dom
28	Gio	Dom	Dom	Mer	Ven	Lun
29	Ven		Lun	Gio	Sab	Mar
30	Sab		Mar	Ven	Dom	Mer
31	Dom		Mer		Lun	

2021

Luglio	Agosto	Settembre	Ottobre	Novembre	Dicembre	
Gio	Dom	Mer	Ven	Lun	Mer	1
Ven	Lun	Gio	Sab	Mar	Gio	2
Sab	Mar	Ven	Dom	Mer	Ven	3
Dom	Mer	Sab	Lun	Gio	Sab	4
Lun	Gio	Dom	Mar	Ven	Dom	5
Mar	Ven	Lun	Mer	Sab	Lun	6
Mer	Sab	Mar	Gio	Dom	Mar	7
Gio	Dom	Mer	Ven	Lun	Mer	8
Ven	Lun	Gio	Sab	Mar	Gio	9
Sab	Mar	Ven	Dom	Mer	Ven	10
Dom	Mer	Sab	Lun	Gio	Sab	11
Lun	Gio	Dom	Mar	Ven	Dom	12
Mar	Ven	Lun	Mer	Sab	Lun	13
Mer	Sab	Mar	Gio	Dom	Mar	14
Gio	Dom	Mer	Ven	Lun	Mer	15
Ven	Lun	Gio	Sab	Mar	Gio	16
Sab	Mar	Ven	Dom	Mer	Ven	17
Dom	Mer	Sab	Lun	Gio	Sab	18
Lun	Gio	Dom	Mar	Ven	Dom	19
Mar	Ven	Lun	Mer	Sab	Lun	20
Mer	Sab	Mar	Gio	Dom	Mar	21
Gio	Dom	Mer	Ven	Lun	Mer	22
Ven	Lun	Gio	Sab	Mar	Gio	23
Sab	Mar	Ven	Dom	Mer	Ven	24
Dom	Mer	Sab	Lun	Gio	Sab	25
Lun	Gio	Dom	Mar	Ven	Dom	26
Mar	Ven	Lun	Mer	Sab	Lun	27
Mer	Sab	Mar	Gio	Dom	Mar	28
Gio	Dom	Mer	Ven	Lun	Mer	29
Ven	Lun	Gio	Sab	Mar	Gio	30
Sab	Mar		Dom		Ven	31

30 LUNEDÌ   # 31 MARTEDÌ   # 1 MERCOLEDÌ   # 2 GIOVEDÌ

30 LUNEDÌ	31 MARTEDÌ	1 MERCOLEDÌ	2 GIOVEDÌ
7	7	7	7
8	8	8	8
9	9	9	9
10	10	10	10
11	11	11	11
12	12	12	12
13	13	13	13
14	14	14	14
15	15	15	15
16	16	16	16
17	17	17	17
18	18	18	18
19	19	19	19
20	20	20	20
21	21	21	21

3 VENERDÌ   4 SABATO   5 DOMENICA

Note

3 VENERDÌ	4 SABATO	5 DOMENICA
7	7	7
8	8	8
9	9	9
10	10	10
11	11	11
12	12	12
13	13	13
14	14	14
15	15	15
16	16	16
17	17	17
18	18	18
19	19	19
20	20	20
21	21	21

Cose da fare

- ○
- ○
- ○
- ○
- ○
- ○
- ○
- ○
- ○
- ○
- ○
- ○
- ○
- ○

6 LUNEDÌ   7 MARTEDÌ   8 MERCOLEDÌ   9 GIOVEDÌ

6 LUNEDÌ	7 MARTEDÌ	8 MERCOLEDÌ	9 GIOVEDÌ
7	7	7	7
8	8	8	8
9	9	9	9
10	10	10	10
11	11	11	11
12	12	12	12
13	13	13	13
14	14	14	14
15	15	15	15
16	16	16	16
17	17	17	17
18	18	18	18
19	19	19	19
20	20	20	20
21	21	21	21

10 VENERDÌ   11 SABATO   12 DOMENICA

			Note
7	7	7	
8	8	8	
9	9	9	
10	10	10	
11	11	11	
12	12	12	
13	13	13	
14	14	14	
15	15	15	

Cose da fare

- ○
- ○
- ○
- ○
- ○
- ○
- ○
- ○
- ○
- ○
- ○
- ○
- ○
- ○

16	16	16
17	17	17
18	18	18
19	19	19
20	20	20
21	21	21

13 LUNEDÌ   # 14 MARTEDÌ   # 15 MERCOLEDÌ   # 16 GIOVEDÌ

13 LUNEDÌ	14 MARTEDÌ	15 MERCOLEDÌ	16 GIOVEDÌ
7	7	7	7
8	8	8	8
9	9	9	9
10	10	10	10
11	11	11	11
12	12	12	12
13	13	13	13
14	14	14	14
15	15	15	15
16	16	16	16
17	17	17	17
18	18	18	18
19	19	19	19
20	20	20	20
21	21	21	21

17 VENERDÌ   18 SABATO   19 DOMENICA

17 VENERDÌ	18 SABATO	19 DOMENICA	Note
7	7	7	
8	8	8	
9	9	9	
10	10	10	
11	11	11	
12	12	12	
13	13	13	
14	14	14	
15	15	15	*Cose da fare*
16	16	16	○
17	17	17	○ ○
18	18	18	○ ○
19	19	19	○ ○
20	20	20	○ ○
21	21	21	○ ○ ○ ○ ○

20 LUNEDÌ   21 MARTEDÌ   22 MERCOLEDÌ   23 GIOVEDÌ

20 LUNEDÌ	21 MARTEDÌ	22 MERCOLEDÌ	23 GIOVEDÌ
7	7	7	7
8	8	8	8
9	9	9	9
10	10	10	10
11	11	11	11
12	12	12	12
13	13	13	13
14	14	14	14
15	15	15	15
16	16	16	16
17	17	17	17
18	18	18	18
19	19	19	19
20	20	20	20
21	21	21	21

24 VENERDÌ

25 SABATO

26 DOMENICA

Note

24 VENERDÌ	25 SABATO	26 DOMENICA
7	7	7
8	8	8
9	9	9
10	10	10
11	11	11
12	12	12
13	13	13
14	14	14
15	15	15
16	16	16
17	17	17
18	18	18
19	19	19
20	20	20
21	21	21

Cose da fare

○
○
○
○
○
○
○
○
○
○
○
○
○
○

27 LUNEDÌ   28 MARTEDÌ   29 MERCOLEDÌ   30 GIOVEDÌ

7	7	7	7
8	8	8	8
9	9	9	9
10	10	10	10
11	11	11	11
12	12	12	12
13	13	13	13
14	14	14	14
15	15	15	15
16	16	16	16
17	17	17	17
18	18	18	18
19	19	19	19
20	20	20	20
21	21	21	21

GENNAIO

31 VENERDÌ

_____
_____
_____
_____

7 _____

8 _____

9 _____

10 _____

11 _____

12 _____

13 _____

14 _____

15 _____

16 _____

17 _____

18 _____

19 _____

20 _____

21 _____

1 SABATO

_____
_____
_____
_____

7 _____

8 _____

9 _____

10 _____

11 _____

12 _____

13 _____

14 _____

15 _____

16 _____

17 _____

18 _____

19 _____

20 _____

21 _____

2 DOMENICA

_____
_____
_____
_____

7 _____

8 _____

9 _____

10 _____

11 _____

12 _____

13 _____

14 _____

15 _____

16 _____

17 _____

18 _____

19 _____

20 _____

21 _____

Note

_____
_____
_____
_____
_____
_____
_____
_____
_____
_____
_____

Cose da fare

- ○ _____
- ○ _____
- ○ _____
- ○ _____
- ○ _____
- ○ _____
- ○ _____
- ○ _____
- ○ _____
- ○ _____
- ○ _____
- ○ _____
- ○ _____
- ○ _____

3 LUNEDÌ   4 MARTEDÌ   5 MERCOLEDÌ   6 GIOVEDÌ

3 LUNEDÌ	4 MARTEDÌ	5 MERCOLEDÌ	6 GIOVEDÌ
7	7	7	7
8	8	8	8
9	9	9	9
10	10	10	10
11	11	11	11
12	12	12	12
13	13	13	13
14	14	14	14
15	15	15	15
16	16	16	16
17	17	17	17
18	18	18	18
19	19	19	19
20	20	20	20
21	21	21	21

7 VENERDÌ

8 SABATO

9 DOMENICA

Note

7	7	7
8	8	8
9	9	9
10	10	10
11	11	11
12	12	12
13	13	13
14	14	14
15	15	15
16	16	16
17	17	17
18	18	18
19	19	19
20	20	20
21	21	21

Cose da fare

○
○
○
○
○
○
○
○
○
○
○
○
○
○

10 LUNEDÌ   # 11 MARTEDÌ   # 12 MERCOLEDÌ   # 13 GIOVEDÌ

7	7	7	7
8	8	8	8
9	9	9	9
10	10	10	10
11	11	11	11
12	12	12	12
13	13	13	13
14	14	14	14
15	15	15	15
16	16	16	16
17	17	17	17
18	18	18	18
19	19	19	19
20	20	20	20
21	21	21	21

FEBBRAIO

14 VENERDÌ

15 SABATO

16 DOMENICA

14 VENERDÌ	15 SABATO	16 DOMENICA
7	7	7
8	8	8
9	9	9
10	10	10
11	11	11
12	12	12
13	13	13
14	14	14
15	15	15
16	16	16
17	17	17
18	18	18
19	19	19
20	20	20
21	21	21

Note

Cose da fare

○
○
○
○
○
○
○
○
○
○
○
○
○
○
○

17 LUNEDÌ   18 MARTEDÌ   19 MERCOLEDÌ   20 GIOVEDÌ

17	18	19	20
7	7	7	7
8	8	8	8
9	9	9	9
10	10	10	10
11	11	11	11
12	12	12	12
13	13	13	13
14	14	14	14
15	15	15	15
16	16	16	16
17	17	17	17
18	18	18	18
19	19	19	19
20	20	20	20
21	21	21	21

21 VENERDÌ   22 SABATO   23 DOMENICA

			Note
7	7	7	
8	8	8	
9	9	9	
10	10	10	
11	11	11	
12	12	12	
13	13	13	
14	14	14	
15	15	15	
16	16	16	Cose da fare
17	17	17	○
			○
			○
18	18	18	○
			○
19	19	19	○
			○
20	20	20	○
			○
21	21	21	○
			○
			○
			○
			○

24 LUNEDÌ | # 25 MARTEDÌ | # 26 MERCOLEDÌ | # 27 GIOVEDÌ

24 LUNEDÌ	25 MARTEDÌ	26 MERCOLEDÌ	27 GIOVEDÌ
7	7	7	7
8	8	8	8
9	9	9	9
10	10	10	10
11	11	11	11
12	12	12	12
13	13	13	13
14	14	14	14
15	15	15	15
16	16	16	16
17	17	17	17
18	18	18	18
19	19	19	19
20	20	20	20
21	21	21	21

FEBBRAIO

28 VENERDÌ

29 SABATO

1 DOMENICA

28	29	1
	7	7
	8	8
	9	9
10	10	10
11	11	11
12	12	12
13	13	13
14	14	14
15	15	15
16	16	16
17	17	17
18	18	18
19	19	19
20	20	20
21	21	21

Note

Cose da fare

○
○
○
○
○
○
○
○
○
○
○
○
○
○

2 LUNEDÌ | 3 MARTEDÌ | 4 MERCOLEDÌ | 5 GIOVEDÌ

7	7	7	7
8	8	8	8
9	9	9	9
10	10	10	10
11	11	11	11
12	12	12	12
13	13	13	13
14	14	14	14
15	15	15	15
16	16	16	16
17	17	17	17
18	18	18	18
19	19	19	19
20	20	20	20
21	21	21	21

6 VENERDÌ

7 SABATO

8 DOMENICA

6 VENERDÌ	7 SABATO	8 DOMENICA
7	7	7
8	8	8
9	9	9
10	10	10
11	11	11
12	12	12
13	13	13
14	14	14
15	15	15
16	16	16
17	17	17
18	18	18
19	19	19
20	20	20
21	21	21

Note

Cose da fare

- ○
- ○
- ○
- ○
- ○
- ○
- ○
- ○
- ○
- ○
- ○
- ○
- ○
- ○

9 LUNEDÌ   10 MARTEDÌ   11 MERCOLEDÌ   12 GIOVEDÌ

9 LUNEDÌ	10 MARTEDÌ	11 MERCOLEDÌ	12 GIOVEDÌ
7	7	7	7
8	8	8	8
9	9	9	9
10	10	10	10
11	11	11	11
12	12	12	12
13	13	13	13
14	14	14	14
15	15	15	15
16	16	16	16
17	17	17	17
18	18	18	18
19	19	19	19
20	20	20	20
21	21	21	21

13 VENERDÌ

14 SABATO

15 DOMENICA

13 VENERDÌ	14 SABATO	15 DOMENICA
7	7	7
8	8	8
9	9	9
10	10	10
11	11	11
12	12	12
13	13	13
14	14	14
15	15	15
16	16	16
17	17	17
18	18	18
19	19	19
20	20	20
21	21	21

Note

Cose da fare

- ○
- ○
- ○
- ○
- ○
- ○
- ○
- ○
- ○
- ○
- ○
- ○
- ○
- ○

16 LUNEDÌ

17 MARTEDÌ

18 MERCOLEDÌ

19 GIOVEDÌ

7	7	7	7
8	8	8	8
9	9	9	9
10	10	10	10
11	11	11	11
12	12	12	12
13	13	13	13
14	14	14	14
15	15	15	15
16	16	16	16
17	17	17	17
18	18	18	18
19	19	19	19
20	20	20	20
21	21	21	21

20 VENERDÌ

7

8

9

10

11

12

13

14

15

16

17

18

19

20

21

21 SABATO

7

8

9

10

11

12

13

14

15

16

17

18

19

20

21

22 DOMENICA

7

8

9

10

11

12

13

14

15

16

17

18

19

20

21

Note

Cose da fare

○
○
○
○
○
○
○
○
○
○
○
○
○
○

23 LUNEDÌ   24 MARTEDÌ   25 MERCOLEDÌ   26 GIOVEDÌ

23 LUNEDÌ	24 MARTEDÌ	25 MERCOLEDÌ	26 GIOVEDÌ
7	7	7	7
8	8	8	8
9	9	9	9
10	10	10	10
11	11	11	11
12	12	12	12
13	13	13	13
14	14	14	14
15	15	15	15
16	16	16	16
17	17	17	17
18	18	18	18
19	19	19	19
20	20	20	20
21	21	21	21

27 VENERDÌ   ## 28 SABATO   ## 29 DOMENICA

27 VENERDÌ	28 SABATO	29 DOMENICA	*Note*
7	7	7	
8	8	8	
9	9	9	
10	10	10	
11	11	11	
12	12	12	
13	13	13	
14	14	14	
15	15	15	*Cose da fare*
16	16	16	○
17	17	17	○ ○
18	18	18	○ ○
19	19	19	○ ○
20	20	20	○ ○
21	21	21	○ ○ ○ ○

30 LUNEDÌ

31 MARTEDÌ

1 MERCOLEDÌ

2 GIOVEDÌ

30 LUNEDÌ	31 MARTEDÌ	1 MERCOLEDÌ	2 GIOVEDÌ
7	7	7	7
8	8	8	8
9	9	9	9
10	10	10	10
11	11	11	11
12	12	12	12
13	13	13	13
14	14	14	14
15	15	15	15
16	16	16	16
17	17	17	17
18	18	18	18
19	19	19	19
20	20	20	20
21	21	21	21

3 VENERDÌ

4 SABATO

5 DOMENICA

Note

3 VENERDÌ	4 SABATO	5 DOMENICA
7	7	7
8	8	8
9	9	9
10	10	10
11	11	11
12	12	12
13	13	13
14	14	14
15	15	15
16	16	16
17	17	17
18	18	18
19	19	19
20	20	20
21	21	21

Cose da fare

- ○
- ○
- ○
- ○
- ○
- ○
- ○
- ○
- ○
- ○
- ○
- ○
- ○
- ○

6 LUNEDÌ   7 MARTEDÌ   8 MERCOLEDÌ   9 GIOVEDÌ

6 LUNEDÌ	7 MARTEDÌ	8 MERCOLEDÌ	9 GIOVEDÌ
7	7	7	7
8	8	8	8
9	9	9	9
10	10	10	10
11	11	11	11
12	12	12	12
13	13	13	13
14	14	14	14
15	15	15	15
16	16	16	16
17	17	17	17
18	18	18	18
19	19	19	19
20	20	20	20
21	21	21	21

10 VENERDÌ   11 SABATO   12 DOMENICA

10 VENERDÌ	11 SABATO	12 DOMENICA	Note
7	7	7	
8	8	8	
9	9	9	
10	10	10	
11	11	11	
12	12	12	
13	13	13	
14	14	14	
15	15	15	
16	16	16	Cose da fare
17	17	17	○
18	18	18	○
19	19	19	○
20	20	20	○
21	21	21	○

13 LUNEDÌ   14 MARTEDÌ   15 MERCOLEDÌ   16 GIOVEDÌ

7	7	7	7
8	8	8	8
9	9	9	9
10	10	10	10
11	11	11	11
12	12	12	12
13	13	13	13
14	14	14	14
15	15	15	15
16	16	16	16
17	17	17	17
18	18	18	18
19	19	19	19
20	20	20	20
21	21	21	21

17 VENERDÌ   18 SABATO   19 DOMENICA

17	18	19	Note
7	7	7	
8	8	8	
9	9	9	
10	10	10	
11	11	11	
12	12	12	
13	13	13	
14	14	14	
15	15	15	Cose da fare
16	16	16	○
			○
17	17	17	○
			○
18	18	18	○
			○
19	19	19	○
			○
20	20	20	○
			○
21	21	21	○
			○
			○
			○

20 LUNEDÌ   21 MARTEDÌ   22 MERCOLEDÌ   23 GIOVEDÌ

20 LUNEDÌ	21 MARTEDÌ	22 MERCOLEDÌ	23 GIOVEDÌ
7	7	7	7
8	8	8	8
9	9	9	9
10	10	10	10
11	11	11	11
12	12	12	12
13	13	13	13
14	14	14	14
15	15	15	15
16	16	16	16
17	17	17	17
18	18	18	18
19	19	19	19
20	20	20	20
21	21	21	21

APRILE

24 VENERDÌ

25 SABATO

26 DOMENICA

	7	7
	8	8
	9	9
0	10	10
1	11	11
12	12	12
3	13	13
4	14	14
15	15	15
16	16	16
17	17	17
18	18	18
19	19	19
20	20	20
21	21	21

Note

Cose da fare

○
○
○
○
○
○
○
○
○
○
○
○
○
○

27 LUNEDÌ   28 MARTEDÌ   29 MERCOLEDÌ   30 GIOVEDÌ

7	7	7	7
8	8	8	8
9	9	9	9
10	10	10	10
11	11	11	11
12	12	12	12
13	13	13	13
14	14	14	14
15	15	15	15
16	16	16	16
17	17	17	17
18	18	18	18
19	19	19	19
20	20	20	20
21	21	21	21

APRILE

1 VENERDÌ

2 SABATO

3 DOMENICA

1	2	3
	7	7
	8	8
	9	9
10	10	10
11	11	11
12	12	12
13	13	13
14	14	14
15	15	15
16	16	16
17	17	17
18	18	18
19	19	19
20	20	20
21	21	21

Note

Cose da fare

○
○
○
○
○
○
○
○
○
○
○
○
○
○

4 LUNEDÌ

5 MARTEDÌ

6 MERCOLEDÌ

7 GIOVEDÌ

7	7	7	7
8	8	8	8
9	9	9	9
10	10	10	10
11	11	11	11
12	12	12	12
13	13	13	13
14	14	14	14
15	15	15	15
16	16	16	16
17	17	17	17
18	18	18	18
19	19	19	19
20	20	20	20
21	21	21	21

8 VENERDÌ   9 SABATO   10 DOMENICA

8	9	10	Note
	7	7	
	8	8	
	9	9	
0	10	10	
1	11	11	
2	12	12	
3	13	13	
4	14	14	
15	15	15	

Cose da fare

○
○
○
○
○
○
○
○
○
○
○
○
○
○

16	16	16
17	17	17
18	18	18
19	19	19
20	20	20
21	21	21

11 LUNEDÌ

7

8

9

10

11

12

13

14

15

16

17

18

19

20

21

12 MARTEDÌ

7

8

9

10

11

12

13

14

15

16

17

18

19

20

21

13 MERCOLEDÌ

7

8

9

10

11

12

13

14

15

16

17

18

19

20

21

14 GIOVEDÌ

7

8

9

10

11

12

13

14

15

16

17

18

19

20

21

MAGGIO

15 VENERDÌ

16 SABATO

17 DOMENICA

15	16	17
	7	7
	8	8
	9	9
10	10	10
11	11	11
12	12	12
13	13	13
14	14	14
15	15	15
16	16	16
17	17	17
18	18	18
19	19	19
20	20	20
21	21	21

Note

Cose da fare

○
○
○
○
○
○
○
○
○
○
○
○
○
○

18 LUNEDÌ   19 MARTEDÌ   20 MERCOLEDÌ   21 GIOVEDÌ

18 LUNEDÌ	19 MARTEDÌ	20 MERCOLEDÌ	21 GIOVEDÌ
7	7	7	7
8	8	8	8
9	9	9	9
10	10	10	10
11	11	11	11
12	12	12	12
13	13	13	13
14	14	14	14
15	15	15	15
16	16	16	16
17	17	17	17
18	18	18	18
19	19	19	19
20	20	20	20
21	21	21	21

22 VENERDÌ   23 SABATO   24 DOMENICA

22 VENERDÌ	23 SABATO	24 DOMENICA	Note
	7	7	
	8	8	
	9	9	
0	10	10	
1	11	11	
2	12	12	
3	13	13	
4	14	14	
15	15	15	
16	16	16	Cose da fare
17	17	17	○
18	18	18	○ ○
19	19	19	○ ○
20	20	20	○ ○
21	21	21	○ ○ ○

25 LUNEDÌ   26 MARTEDÌ   27 MERCOLEDÌ   28 GIOVEDÌ

25 LUNEDÌ	26 MARTEDÌ	27 MERCOLEDÌ	28 GIOVEDÌ
7	7	7	7
8	8	8	8
9	9	9	9
10	10	10	10
11	11	11	11
12	12	12	12
13	13	13	13
14	14	14	14
15	15	15	15
16	16	16	16
17	17	17	17
18	18	18	18
19	19	19	19
20	20	20	20
21	21	21	21

29 VENERDÌ   30 SABATO   31 DOMENICA

29 VENERDÌ	30 SABATO	31 DOMENICA	Note
7	7	7	
8	8	8	
9	9	9	
10	10	10	
11	11	11	
12	12	12	
13	13	13	
14	14	14	
15	15	15	Cose da fare
16	16	16	○
			○
17	17	17	○
			○
18	18	18	○
			○
19	19	19	○
			○
20	20	20	○
			○
21	21	21	○
			○
			○
			○

1 LUNEDÌ	**2** MARTEDÌ	**3** MERCOLEDÌ	**4** GIOVEDÌ
7	7	7	7
8	8	8	8
9	9	9	9
10	10	10	10
11	11	11	11
12	12	12	12
13	13	13	13
14	14	14	14
15	15	15	15
16	16	16	16
17	17	17	17
18	18	18	18
19	19	19	19
20	20	20	20
21	21	21	21

5 VENERDÌ

6 SABATO

7 DOMENICA

Note

	7	7
	8	8
	9	9
0	10	10
1	11	11
2	12	12
3	13	13
4	14	14
5	15	15
16	16	16
17	17	17
18	18	18
19	19	19
20	20	20
21	21	21

Cose da fare

○
○
○
○
○
○
○
○
○
○
○
○
○
○

8 LUNEDÌ   9 MARTEDÌ   10 MERCOLEDÌ   11 GIOVEDÌ

8 LUNEDÌ	9 MARTEDÌ	10 MERCOLEDÌ	11 GIOVEDÌ
7	7	7	7
8	8	8	8
9	9	9	9
10	10	10	10
11	11	11	11
12	12	12	12
13	13	13	13
14	14	14	14
15	15	15	15
16	16	16	16
17	17	17	17
18	18	18	18
19	19	19	19
20	20	20	20
21	21	21	21

12 VENERDÌ

13 SABATO

14 DOMENICA

12 VENERDÌ	13 SABATO	14 DOMENICA
	7	7
	8	8
	9	9
0	10	10
1	11	11
2	12	12
3	13	13
14	14	14
15	15	15
16	16	16
17	17	17
18	18	18
19	19	19
20	20	20
21	21	21

Note

Cose da fare

○
○
○
○
○
○
○
○
○
○
○
○
○
○

15 LUNEDÌ

7

8

9

10

11

12

13

14

15

16

17

18

19

20

21

16 MARTEDÌ

7

8

9

10

11

12

13

14

15

16

17

18

19

20

21

17 MERCOLEDÌ

7

8

9

10

11

12

13

14

15

16

17

18

19

20

21

18 GIOVEDÌ

7

8

9

10

11

12

13

14

15

16

17

18

19

20

21

19 VENERDÌ

20 SABATO

21 DOMENICA

Note

19	20	21
	7	7
	8	8
	9	9
10	10	10
11	11	11
12	12	12
13	13	13
14	14	14
15	15	15
16	16	16
17	17	17
18	18	18
19	19	19
20	20	20
21	21	21

Cose da fare

○
○
○
○
○
○
○
○
○
○
○
○
○
○

22 LUNEDÌ   23 MARTEDÌ   24 MERCOLEDÌ   25 GIOVEDÌ

22 LUNEDÌ	23 MARTEDÌ	24 MERCOLEDÌ	25 GIOVEDÌ
7	7	7	7
8	8	8	8
9	9	9	9
10	10	10	10
11	11	11	11
12	12	12	12
13	13	13	13
14	14	14	14
15	15	15	15
16	16	16	16
17	17	17	17
18	18	18	18
19	19	19	19
20	20	20	20
21	21	21	21

26 VENERDÌ   27 SABATO   28 DOMENICA

26 VENERDÌ	27 SABATO	28 DOMENICA
	7	7
	8	8
	9	9
10	10	10
11	11	11
12	12	12
13	13	13
14	14	14
15	15	15
16	16	16
17	17	17
18	18	18
19	19	19
20	20	20
21	21	21

Note

Cose da fare

○
○
○
○
○
○
○
○
○
○
○
○
○
○

29 LUNEDÌ   30 MARTEDÌ   1 MERCOLEDÌ   2 GIOVEDÌ

29 LUNEDÌ	30 MARTEDÌ	1 MERCOLEDÌ	2 GIOVEDÌ
7	7	7	7
8	8	8	8
9	9	9	9
10	10	10	10
11	11	11	11
12	12	12	12
13	13	13	13
14	14	14	14
15	15	15	15
16	16	16	16
17	17	17	17
18	18	18	18
19	19	19	19
20	20	20	20
21	21	21	21

3 VENERDÌ   4 SABATO   5 DOMENICA

3 VENERDÌ	4 SABATO	5 DOMENICA	*Note*
	7	7	
	8	8	
	9	9	
0	10	10	
1	11	11	
2	12	12	
3	13	13	
4	14	14	
5	15	15	*Cose da fare*
6	16	16	○
7	17	17	○ ○
8	18	18	○ ○
19	19	19	○ ○
20	20	20	○ ○
21	21	21	○ ○ ○ ○

6 LUNEDÌ   7 MARTEDÌ   8 MERCOLEDÌ   9 GIOVEDÌ

6 LUNEDÌ	7 MARTEDÌ	8 MERCOLEDÌ	9 GIOVEDÌ
7	7	7	7
8	8	8	8
9	9	9	9
10	10	10	10
11	11	11	11
12	12	12	12
13	13	13	13
14	14	14	14
15	15	15	15
16	16	16	16
17	17	17	17
18	18	18	18
19	19	19	19
20	20	20	20
21	21	21	21

10 VENERDÌ   **11** SABATO   **12** DOMENICA

10	11	12	Note
	7	7	
	8	8	
	9	9	
10	10	10	
11	11	11	
12	12	12	
13	13	13	
14	14	14	
15	15	15	
16	16	16	Cose da fare
17	17	17	○
18	18	18	○
19	19	19	○
20	20	20	○
21	21	21	○

13 LUNEDÌ   # 14 MARTEDÌ   # 15 MERCOLEDÌ   # 16 GIOVEDÌ

7	7	7	7
8	8	8	8
9	9	9	9
10	10	10	10
11	11	11	11
12	12	12	12
13	13	13	13
14	14	14	14
15	15	15	15
16	16	16	16
17	17	17	17
18	18	18	18
19	19	19	19
20	20	20	20
21	21	21	21

17 VENERDÌ   # 18 SABATO   # 19 DOMENICA

	7	7
	8	8
	9	9
0	10	10
1	11	11
2	12	12
3	13	13
4	14	14
5	15	15
6	16	16
7	17	17
8	18	18
9	19	19
20	20	20
21	21	21

Note

Cose da fare

○
○
○
○
○
○
○
○
○
○
○
○
○
○

20 LUNEDÌ   21 MARTEDÌ   22 MERCOLEDÌ   23 GIOVEDÌ

20 LUNEDÌ	21 MARTEDÌ	22 MERCOLEDÌ	23 GIOVEDÌ
7	7	7	7
8	8	8	8
9	9	9	9
10	10	10	10
11	11	11	11
12	12	12	12
13	13	13	13
14	14	14	14
15	15	15	15
16	16	16	16
17	17	17	17
18	18	18	18
19	19	19	19
20	20	20	20
21	21	21	21

24 VENERDÌ

25 SABATO

26 DOMENICA

24 VENERDÌ	25 SABATO	26 DOMENICA
	7	7
	8	8
	9	9
0	10	10
1	11	11
2	12	12
3	13	13
4	14	14
15	15	15
16	16	16
17	17	17
18	18	18
19	19	19
20	20	20
21	21	21

Note

Cose da fare

○
○
○
○
○
○
○
○
○
○
○
○
○
○

27 LUNEDÌ   # 28 MARTEDÌ   # 29 MERCOLEDÌ   # 30 GIOVEDÌ

27 LUNEDÌ	28 MARTEDÌ	29 MERCOLEDÌ	30 GIOVEDÌ
7	7	7	7
8	8	8	8
9	9	9	9
10	10	10	10
11	11	11	11
12	12	12	12
13	13	13	13
14	14	14	14
15	15	15	15
16	16	16	16
17	17	17	17
18	18	18	18
19	19	19	19
20	20	20	20
21	21	21	21

31 VENERDÌ

1 SABATO

2 DOMENICA

31 VENERDÌ	1 SABATO	2 DOMENICA
	7	7
	8	8
	9	9
10	10	10
1	11	11
2	12	12
3	13	13
4	14	14
5	15	15
6	16	16
7	17	17
8	18	18
19	19	19
20	20	20
21	21	21

Note

Cose da fare

- ○
- ○
- ○
- ○
- ○
- ○
- ○
- ○
- ○
- ○
- ○
- ○
- ○
- ○

3 LUNEDÌ	**4** MARTEDÌ	**5** MERCOLEDÌ	**6** GIOVEDÌ
7	7	7	7
8	8	8	8
9	9	9	9
10	10	10	10
11	11	11	11
12	12	12	12
13	13	13	13
14	14	14	14
15	15	15	15
16	16	16	16
17	17	17	17
18	18	18	18
19	19	19	19
20	20	20	20
21	21	21	21

7 VENERDÌ

8 SABATO

9 DOMENICA

7	7
8	8
9	9
10	10
11	11
12	12
13	13
14	14
15	15
16	16
17	17
18	18
19	19
20	20
21	21

Note

Cose da fare

○
○
○
○
○
○
○
○
○
○
○
○
○
○

10 LUNEDÌ   # 11 MARTEDÌ   # 12 MERCOLEDÌ   # 13 GIOVEDÌ

10 LUNEDÌ	11 MARTEDÌ	12 MERCOLEDÌ	13 GIOVEDÌ
7	7	7	7
8	8	8	8
9	9	9	9
10	10	10	10
11	11	11	11
12	12	12	12
13	13	13	13
14	14	14	14
15	15	15	15
16	16	16	16
17	17	17	17
18	18	18	18
19	19	19	19
20	20	20	20
21	21	21	21

14 VENERDÌ 15 SABATO 16 DOMENICA

14 VENERDÌ	15 SABATO	16 DOMENICA	Note
	7	7	
	8	8	
	9	9	
10	10	10	
11	11	11	
12	12	12	
13	13	13	
14	14	14	
15	15	15	
16	16	16	Cose da fare
17	17	17	○
18	18	18	○
19	19	19	○
20	20	20	○
21	21	21	○

17 LUNEDÌ   # 18 MARTEDÌ   # 19 MERCOLEDÌ   # 20 GIOVEDÌ

7	7	7	7
8	8	8	8
9	9	9	9
10	10	10	10
11	11	11	11
12	12	12	12
13	13	13	13
14	14	14	14
15	15	15	15
16	16	16	16
17	17	17	17
18	18	18	18
19	19	19	19
20	20	20	20
21	21	21	21

21 VENERDÌ   # 22 SABATO   # 23 DOMENICA

21 VENERDÌ	22 SABATO	23 DOMENICA	*Note*
	7	7	
	8	8	
	9	9	
10	10	10	
11	11	11	
12	12	12	
13	13	13	
14	14	14	
15	15	15	
16	16	16	*Cose da fare*
17	17	17	○
18	18	18	○
19	19	19	○
20	20	20	○
21	21	21	○

Cose da fare

○
○
○
○
○
○
○
○
○
○
○
○
○
○

24 LUNEDÌ   25 MARTEDÌ   26 MERCOLEDÌ   27 GIOVEDÌ

24 LUNEDÌ	25 MARTEDÌ	26 MERCOLEDÌ	27 GIOVEDÌ
7	7	7	7
8	8	8	8
9	9	9	9
10	10	10	10
11	11	11	11
12	12	12	12
13	13	13	13
14	14	14	14
15	15	15	15
16	16	16	16
17	17	17	17
18	18	18	18
19	19	19	19
20	20	20	20
21	21	21	21

28 VENERDÌ   29 SABATO   30 DOMENICA

28 VENERDÌ	29 SABATO	30 DOMENICA
	7	7
	8	8
	9	9
0	10	10
1	11	11
2	12	12
3	13	13
4	14	14
5	15	15
6	16	16
7	17	17
8	18	18
19	19	19
20	20	20
21	21	21

Note

Cose da fare

○
○
○
○
○
○
○
○
○
○
○
○
○
○

31 LUNEDÌ   # 1 MARTEDÌ   # 2 MERCOLEDÌ   # 3 GIOVEDÌ

7	7	7	7
8	8	8	8
9	9	9	9
10	10	10	10
11	11	11	11
12	12	12	12
13	13	13	13
14	14	14	14
15	15	15	15
16	16	16	16
17	17	17	17
18	18	18	18
19	19	19	19
20	20	20	20
21	21	21	21

SETTEMBRE

4 VENERDÌ

5 SABATO

6 DOMENICA

7

8

9

10

11

12

13

14

15

16

17

18

19

20

21

Note

Cose da fare

○
○
○
○
○
○
○
○
○
○
○
○
○
○

7 LUNEDÌ   8 MARTEDÌ   9 MERCOLEDÌ   10 GIOVEDÌ

7	7	7	7
8	8	8	8
9	9	9	9
10	10	10	10
11	11	11	11
12	12	12	12
13	13	13	13
14	14	14	14
15	15	15	15
16	16	16	16
17	17	17	17
18	18	18	18
19	19	19	19
20	20	20	20
21	21	21	21

11 VENERDÌ   **12** SABATO   **13** DOMENICA

11	12	13
	7	7
	8	8
	9	9
10	10	10
11	11	11
12	12	12
13	13	13
14	14	14
15	15	15
16	16	16
17	17	17
18	18	18
19	19	19
20	20	20
21	21	21

Note

Cose da fare

○
○
○
○
○
○
○
○
○
○
○
○
○
○

14 LUNEDÌ   15 MARTEDÌ   16 MERCOLEDÌ   17 GIOVEDÌ

14 LUNEDÌ	15 MARTEDÌ	16 MERCOLEDÌ	17 GIOVEDÌ
7	7	7	7
8	8	8	8
9	9	9	9
10	10	10	10
11	11	11	11
12	12	12	12
13	13	13	13
14	14	14	14
15	15	15	15
16	16	16	16
17	17	17	17
18	18	18	18
19	19	19	19
20	20	20	20
21	21	21	21

18 VENERDÌ

19 SABATO

20 DOMENICA

18 VENERDÌ	19 SABATO	20 DOMENICA
	7	7
	8	8
	9	9
0	10	10
1	11	11
2	12	12
3	13	13
14	14	14
15	15	15
16	16	16
17	17	17
18	18	18
19	19	19
20	20	20
21	21	21

Note

Cose da fare

○
○
○
○
○
○
○
○
○
○
○
○
○
○

21 LUNEDÌ   22 MARTEDÌ   23 MERCOLEDÌ   24 GIOVEDÌ

21 LUNEDÌ	22 MARTEDÌ	23 MERCOLEDÌ	24 GIOVEDÌ
7	7	7	7
8	8	8	8
9	9	9	9
10	10	10	10
11	11	11	11
12	12	12	12
13	13	13	13
14	14	14	14
15	15	15	15
16	16	16	16
17	17	17	17
18	18	18	18
19	19	19	19
20	20	20	20
21	21	21	21

25 VENERDÌ

26 SABATO

27 DOMENICA

25	26	27
	7	7
	8	8
	9	9
10	10	10
11	11	11
12	12	12
13	13	13
14	14	14
15	15	15
16	16	16
17	17	17
18	18	18
19	19	19
20	20	20
21	21	21

Note

Cose da fare

○
○
○
○
○
○
○
○
○
○
○
○
○
○

28 LUNEDÌ	**29** MARTEDÌ	**30** MERCOLEDÌ	**1** GIOVEDÌ
7	7	7	7
8	8	8	8
9	9	9	9
10	10	10	10
11	11	11	11
12	12	12	12
13	13	13	13
14	14	14	14
15	15	15	15
16	16	16	16
17	17	17	17
18	18	18	18
19	19	19	19
20	20	20	20
21	21	21	21

OTTOBRE

2 VENERDÌ   3 SABATO   4 DOMENICA

2	3	4
	7	7
	8	8
	9	9
0	10	10
1	11	11
2	12	12
3	13	13
4	14	14
5	15	15
6	16	16
7	17	17
8	18	18
19	19	19
20	20	20
21	21	21

Note

Cose da fare

○
○
○
○
○
○
○
○
○
○
○
○
○
○

5 LUNEDÌ	**6** MARTEDÌ	**7** MERCOLEDÌ	**8** GIOVEDÌ
7	7	7	7
8	8	8	8
9	9	9	9
10	10	10	10
11	11	11	11
12	12	12	12
13	13	13	13
14	14	14	14
15	15	15	15
16	16	16	16
17	17	17	17
18	18	18	18
19	19	19	19
20	20	20	20
21	21	21	21

9 VENERDÌ

10 SABATO

11 DOMENICA

9	10	11	
			Note
	7	7	
	8	8	
	9	9	
0	10	10	
1	11	11	
2	12	12	
3	13	13	
4	14	14	
5	15	15	*Cose da fare*
6	16	16	○
			○
7	17	17	○
			○
8	18	18	○
			○
9	19	19	○
			○
0	20	20	○
			○
1	21	21	○
			○
			○
			○

12 LUNEDÌ   13 MARTEDÌ   14 MERCOLEDÌ   15 GIOVEDÌ

12 LUNEDÌ	13 MARTEDÌ	14 MERCOLEDÌ	15 GIOVEDÌ
7	7	7	7
8	8	8	8
9	9	9	9
10	10	10	10
11	11	11	11
12	12	12	12
13	13	13	13
14	14	14	14
15	15	15	15
16	16	16	16
17	17	17	17
18	18	18	18
19	19	19	19
20	20	20	20
21	21	21	21

16 VENERDÌ   17 SABATO   18 DOMENICA

16 VENERDÌ	17 SABATO	18 DOMENICA	
			Note
	7	7	
	8	8	
	9	9	
0	10	10	
1	11	11	
2	12	12	
13	13	13	
4	14	14	
5	15	15	*Cose da fare*
16	16	16	○
			○
17	17	17	○
			○
18	18	18	○
			○
19	19	19	○
			○
20	20	20	○
			○
21	21	21	○
			○
			○
			○

19 LUNEDÌ   20 MARTEDÌ   21 MERCOLEDÌ   22 GIOVEDÌ

19 LUNEDÌ	20 MARTEDÌ	21 MERCOLEDÌ	22 GIOVEDÌ
7	7	7	7
8	8	8	8
9	9	9	9
10	10	10	10
11	11	11	11
12	12	12	12
13	13	13	13
14	14	14	14
15	15	15	15
16	16	16	16
17	17	17	17
18	18	18	18
19	19	19	19
20	20	20	20
21	21	21	21

23 VENERDÌ

24 SABATO

25 DOMENICA

	7	7
	8	8
	9	9
0	10	10
1	11	11
2	12	12
3	13	13
4	14	14
5	15	15
6	16	16
7	17	17
8	18	18
9	19	19
20	20	20
21	21	21

Note

Cose da fare

○
○
○
○
○
○
○
○
○
○
○
○
○
○

26 LUNEDÌ   # 27 MARTEDÌ   # 28 MERCOLEDÌ   # 29 GIOVEDÌ

26 LUNEDÌ	27 MARTEDÌ	28 MERCOLEDÌ	29 GIOVEDÌ
7	7	7	7
8	8	8	8
9	9	9	9
10	10	10	10
11	11	11	11
12	12	12	12
13	13	13	13
14	14	14	14
15	15	15	15
16	16	16	16
17	17	17	17
18	18	18	18
19	19	19	19
20	20	20	20
21	21	21	21

30 VENERDÌ   31 SABATO   1 DOMENICA

30 VENERDÌ	31 SABATO	1 DOMENICA	*Note*
7	7	7	
8	8	8	
9	9	9	
10	10	10	
11	11	11	
12	12	12	
13	13	13	
14	14	14	
15	15	15	*Cose da fare*
16	16	16	○
17	17	17	○ ○
18	18	18	○ ○
19	19	19	○ ○
20	20	20	○ ○
21	21	21	○ ○ ○ ○

2 LUNEDÌ

3 MARTEDÌ

4 MERCOLEDÌ

5 GIOVEDÌ

7	7	7	7
8	8	8	8
9	9	9	9
10	10	10	10
11	11	11	11
12	12	12	12
13	13	13	13
14	14	14	14
15	15	15	15
16	16	16	16
17	17	17	17
18	18	18	18
19	19	19	19
20	20	20	20
21	21	21	21

6 VENERDÌ   7 SABATO   8 DOMENICA

6	7	8
	7	7
	8	8
	9	9
10	10	10
11	11	11
12	12	12
13	13	13
14	14	14
15	15	15
16	16	16
17	17	17
18	18	18
19	19	19
20	20	20
21	21	21

Note

Cose da fare

○
○
○
○
○
○
○
○
○
○
○
○
○
○

9 LUNEDÌ   10 MARTEDÌ   11 MERCOLEDÌ   12 GIOVEDÌ

9 LUNEDÌ	10 MARTEDÌ	11 MERCOLEDÌ	12 GIOVEDÌ
7	7	7	7
8	8	8	8
9	9	9	9
10	10	10	10
11	11	11	11
12	12	12	12
13	13	13	13
14	14	14	14
15	15	15	15
16	16	16	16
17	17	17	17
18	18	18	18
19	19	19	19
20	20	20	20
21	21	21	21

NOVEMBRE

13 VENERDÌ   # 14 SABATO   # 15 DOMENICA

Note

	7	7
	8	8
	9	9
0	10	10
1	11	11
2	12	12
3	13	13
4	14	14
5	15	15
16	16	16
17	17	17
18	18	18
19	19	19
20	20	20
21	21	21

Cose da fare

○
○
○
○
○
○
○
○
○
○
○
○
○
○

16 LUNEDÌ   17 MARTEDÌ   18 MERCOLEDÌ   19 GIOVEDÌ

16 LUNEDÌ	17 MARTEDÌ	18 MERCOLEDÌ	19 GIOVEDÌ
7	7	7	7
8	8	8	8
9	9	9	9
10	10	10	10
11	11	11	11
12	12	12	12
13	13	13	13
14	14	14	14
15	15	15	15
16	16	16	16
17	17	17	17
18	18	18	18
19	19	19	19
20	20	20	20
21	21	21	21

20 VENERDÌ   21 SABATO   22 DOMENICA

20 VENERDÌ	21 SABATO	22 DOMENICA	*Note*
	7	7	
	8	8	
	9	9	
10	10	10	
11	11	11	
12	12	12	
13	13	13	
14	14	14	
15	15	15	*Cose da fare*
16	16	16	○
			○
17	17	17	○
			○
18	18	18	○
			○
19	19	19	○
			○
20	20	20	○
			○
21	21	21	○
			○
			○
			○

23 LUNEDÌ

7

8

9

10

11

12

13

14

15

16

17

18

19

20

21

24 MARTEDÌ

7

8

9

10

11

12

13

14

15

16

17

18

19

20

21

25 MERCOLEDÌ

7

8

9

10

11

12

13

14

15

16

17

18

19

20

21

26 GIOVEDÌ

7

8

9

10

11

12

13

14

15

16

17

18

19

20

21

27 VENERDÌ   28 SABATO   29 DOMENICA

27 VENERDÌ	28 SABATO	29 DOMENICA	Note
	7	7	
	8	8	
	9	9	
10	10	10	
11	11	11	
12	12	12	
13	13	13	
14	14	14	
15	15	15	Cose da fare
16	16	16	○
17	17	17	○
18	18	18	○
19	19	19	○
20	20	20	○
21	21	21	○

30 LUNEDÌ

1 MARTEDÌ

2 MERCOLEDÌ

3 GIOVEDÌ

30 LUNEDÌ	1 MARTEDÌ	2 MERCOLEDÌ	3 GIOVEDÌ
7	7	7	7
8	8	8	8
9	9	9	9
10	10	10	10
11	11	11	11
12	12	12	12
13	13	13	13
14	14	14	14
15	15	15	15
16	16	16	16
17	17	17	17
18	18	18	18
19	19	19	19
20	20	20	20
21	21	21	21

4 VENERDÌ

5 SABATO

6 DOMENICA

	5	6
	7	7
	8	8
	9	9
10	10	10
11	11	11
12	12	12
13	13	13
14	14	14
15	15	15
16	16	16
17	17	17
18	18	18
19	19	19
20	20	20
21	21	21

Note

Cose da fare

○
○
○
○
○
○
○
○
○
○
○
○
○
○

7 LUNEDÌ   # 8 MARTEDÌ   # 9 MERCOLEDÌ   # 10 GIOVEDÌ

7	7	7	7
8	8	8	8
9	9	9	9
10	10	10	10
11	11	11	11
12	12	12	12
13	13	13	13
14	14	14	14
15	15	15	15
16	16	16	16
17	17	17	17
18	18	18	18
19	19	19	19
20	20	20	20
21	21	21	21

11 VENERDÌ

12 SABATO

13 DOMENICA

7

7

8

8

9

9

10

10

11

11

12

12

13

13

14

14

15

15

16

16

17

17

18

18

19

19

20

20

21

21

Note

Cose da fare

○
○
○
○
○
○
○
○
○
○
○
○
○
○

14 LUNEDÌ   # 15 MARTEDÌ   # 16 MERCOLEDÌ   # 17 GIOVEDÌ

7	7	7	7
8	8	8	8
9	9	9	9
10	10	10	10
11	11	11	11
12	12	12	12
13	13	13	13
14	14	14	14
15	15	15	15
16	16	16	16
17	17	17	17
18	18	18	18
19	19	19	19
20	20	20	20
21	21	21	21

DICEMBRE

18 VENERDÌ   # 19 SABATO   # 20 DOMENICA

Note

18	19	20
	7	7
	8	8
	9	9
10	10	10
11	11	11
12	12	12
13	13	13
14	14	14
15	15	15
16	16	16
17	17	17
18	18	18
19	19	19
20	20	20
21	21	21

Cose da fare

○
○
○
○
○
○
○
○
○
○
○
○
○
○

21 LUNEDÌ

7

8

9

10

11

12

13

14

15

16

17

18

19

20

21

22 MARTEDÌ

7

8

9

10

11

12

13

14

15

16

17

18

19

20

21

23 MERCOLEDÌ

7

8

9

10

11

12

13

14

15

16

17

18

19

20

21

24 GIOVEDÌ

7

8

9

10

11

12

13

14

15

16

17

18

19

20

21

25 VENERDÌ

26 SABATO

27 DOMENICA

25 VENERDÌ	26 SABATO	27 DOMENICA
	7	7
	8	8
	9	9
0	10	10
1	11	11
2	12	12
3	13	13
4	14	14
5	15	15
6	16	16
7	17	17
8	18	18
19	19	19
20	20	20
21	21	21

Note

Cose da fare

○
○
○
○
○
○
○
○
○
○
○
○
○
○

28 LUNEDÌ

29 MARTEDÌ

30 MERCOLEDÌ

31 GIOVEDÌ

28 LUNEDÌ	29 MARTEDÌ	30 MERCOLEDÌ	31 GIOVEDÌ
7	7	7	7
8	8	8	8
9	9	9	9
10	10	10	10
11	11	11	11
12	12	12	12
13	13	13	13
14	14	14	14
15	15	15	15
16	16	16	16
17	17	17	17
18	18	18	18
19	19	19	19
20	20	20	20
21	21	21	21

DICEMBRE

1 VENERDÌ

2 SABATO

3 DOMENICA

	7	7
	8	8
	9	9
10	10	10
11	11	11
12	12	12
13	13	13
14	14	14
15	15	15
16	16	16
17	17	17
18	18	18
19	19	19
20	20	20
21	21	21

Note

Cose da fare

○
○
○
○
○
○
○
○
○
○
○
○
○
○

LUNEDÌ	MARTEDÌ	MERCOLEDÌ	GIOVEDÌ
30	31	1	2
6	7	8	9
13	14	15	16
20	21	22	23
27	28	29	30

GENNAIO

VENERDÌ	SABATO	DOMENICA
3	4	5
10	11	12
17	18	19
24	25	26
31		

LUNEDÌ	MARTEDÌ	MERCOLEDÌ	GIOVEDÌ
27	28	29	30
3	4	5	6
10	11	12	13
17	18	19	20
24	25	26	27

FEBBRAIO

VENERDÌ	SABATO	DOMENICA
31	1	2
7	8	9
14	15	16
21	22	23
28	29	

LUNEDÌ	MARTEDÌ	MERCOLEDÌ	GIOVEDÌ
24	25	26	27
2	3	4	5
9	10	11	12
16	17	18	19
23	24	25	26
30	31		

MARZO

VENERDÌ	SABATO	DOMENICA
28	29	1
6	7	8
13	14	15
20	21	22
27	28	29

LUNEDÌ	MARTEDÌ	MERCOLEDÌ	GIOVEDÌ
30	31	1	2
6	7	8	9
13	14	15	16
20	21	22	23
27	28	29	30

APRILE

VENERDÌ	SABATO	DOMENICA
3	4	5
10	11	12
17	18	19
24	25	26

LUNEDÌ	MARTEDÌ	MERCOLEDÌ	GIOVEDÌ
27	28	29	30
4	5	6	7
11	12	13	14
18	19	20	21
25	26	27	28

MAGGIO

VENERDÌ	SABATO	DOMENICA
1	2	3
8	9	10
15	16	17
22	23	24
29	30	31

LUNEDÌ	MARTEDÌ	MERCOLEDÌ	GIOVEDÌ
1	2	3	4
8	9	10	11
15	16	17	18
22	23	24	25
29	30		

GIUGNO

VENERDÌ	SABATO	DOMENICA
5	6	7
12	13	14
19	20	21
26	27	28

LUNEDÌ	MARTEDÌ	MERCOLEDÌ	GIOVEDÌ
29	30	1	2
6	7	8	9
13	14	15	16
20	21	22	23
27	28	29	30

LUGLIO

VENERDÌ	SABATO	DOMENICA
3	4	5
10	11	12
17	18	19
24	25	26
31		

LUNEDÌ	MARTEDÌ	MERCOLEDÌ	GIOVEDÌ
27	28	29	30
3	4	5	6
10	11	12	13
17	18	19	20
24	25	26	27
31			

AGOSTO

VENERDÌ	SABATO	DOMENICA
	1	2
7	8	9
14	15	16
21	22	23
28	29	30

LUNEDÌ	MARTEDÌ	MERCOLEDÌ	GIOVEDÌ
31	1	2	3
7	8	9	10
14	15	16	17
21	22	23	24
28	29	30	

SETTEMBRE

VENERDÌ	SABATO	DOMENICA
4	5	6
11	12	13
18	19	20
25	26	27
2	3	4

LUNEDÌ	MARTEDÌ	MERCOLEDÌ	GIOVEDÌ
28	29	30	1
5	6	7	8
12	13	14	15
19	20	21	22
26	27	28	29

OTTOBRE

VENERDÌ	SABATO	DOMENICA
2	3	4
9	10	11
16	17	18
23	24	25
30	31	

LUNEDÌ	MARTEDÌ	MERCOLEDÌ	GIOVEDÌ
26	27	28	29
2	3	4	5
9	10	11	12
16	17	18	19
23	24	25	26
30			

VENERDÌ	SABATO	DOMENICA
30	31	1
6	7	8
13	14	15
20	21	22
27	28	29

LUNEDÌ	MARTEDÌ	MERCOLEDÌ	GIOVEDÌ
30	1	2	3
7	8	9	10
14	15	16	17
21	22	23	24
28	29	30	31

DICEMBRE

VENERDÌ	SABATO	DOMENICA
4	5	6
11	12	13
18	19	20
25	26	27

🕐	LUN	MAR	MER	GIO	VEN	SAB	DOM

_____

_____

_____

_____

_____

_____

ORARIO SETTIMANALE

🕐	LUN	MAR	MER	GIO	VEN	SAB	DOM

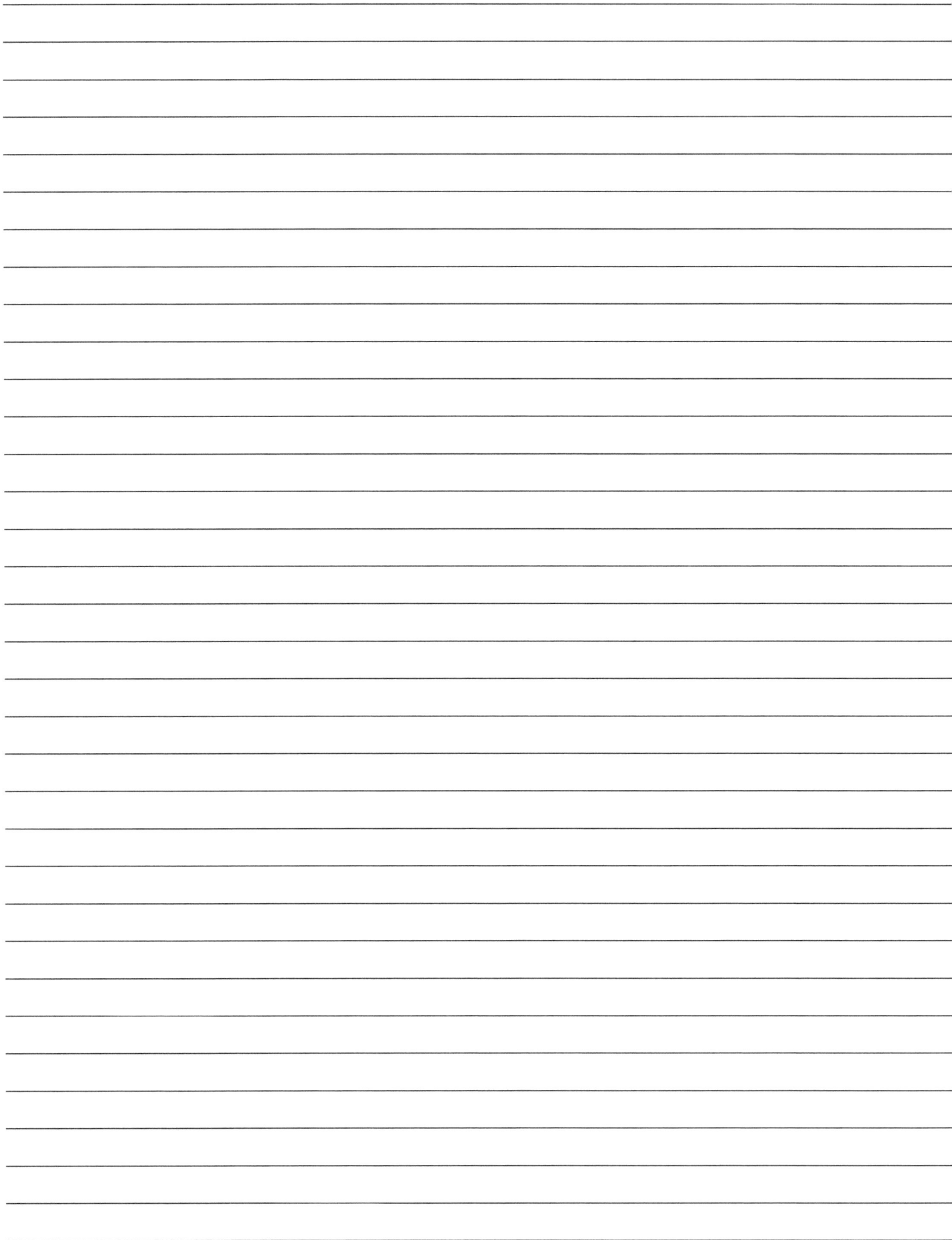

👤 _____

📞 _____

@ _____

👤 _____

📞 _____

@ _____

👤 _____

📞 _____

@ _____

👤 _____

📞 _____

@ _____

👤 _____

📞 _____

@ _____

👤 _____

📞 _____

@ _____

👤 _____

📞 _____

@ _____

👤 _____

📞 _____

@ _____

👤 _____

📞 _____

@ _____

👤 _____

📞 _____

@ _____

👤 _____

📞 _____

@ _____

👤 _____

📞 _____

@ _____

👤 _____

📞 _____

@ _____

👤 _____

📞 _____

@ _____

👤 _____

📞 _____

@ _____

👤 _____

📞 _____

@ _____

👤 _____

📞 _____

@ _____

👤 _____

📞 _____

@ _____

👤 _____

📞 _____

@ _____

👤 _____

📞 _____

@ _____

👤 _____

📞 _____

@ _____

👤 _____

📞 _____

@ _____

👤 _____

📞 _____

@ _____

👤 _____

📞 _____

@ _____

_____

_____

👤 _____

📞 _____

@ _____

👤 _____

📞 _____

@ _____

👤 _____

📞 _____

@ _____

👤 _____

📞 _____

@ _____

👤 _____

📞 _____

@ _____

👤 _____

📞 _____

@ _____

👤 _____

📞 _____

@ _____

👤 _____

📞 _____

@ _____

GIORNI FESTIVI

	2020	2021
Capodanno	Mercoledì 1 gennaio	Venerdì 1 gennaio
Epifania	Lunedì 6 gennaio	Mercoledì 6 gennaio
Pasqua e Pasquetta	Domenica 12 e lunedì 13 aprile	Domenica 4 e lunedì 5 aprile
Festa della Liberazione	Sabato 25 aprile	Domenica 25 aprile
Festa del Lavoro	Venerdì 1 maggio	Sabato 1 maggio
Festa della Repubblica	Martedì 2 giugno	Mercoledì 2 giugno
Ferragosto	Sabato 15 agosto	Domenica 15 agosto
Tutti i Santi	Domenica 1 novembre	Lunedì 1 novembre
Immacolata Concezione	Martedì 8 dicembre	Mercoledì 8 dicembre
Natale	Venerdì 25 dicembre	Sabato 25 dicembre
Santo Stefano	Sabato 26 dicembre	Domenica 26 dicembre

www.ingramcontent.com/pod-product-compliance
Lightning Source LLC
Chambersburg PA
CBHW061326190326
41458CB00011B/3908